Erik v. Grawert-May

WIR DENUNZIANTEN

DENIGRARE
GAUDIUM
EST

Ein Schauerstück
in gebundener Rede

Für

J.J.L.

und seine 53 Kolleginnen
und Kollegen

Erik v. Grawert-May
Unternehmensästhet aus der Lausitz, lebt in Berlin
www.grawert-may.de

Umschlagseite vorne:
Michelangelo, Delphische Sibylle

Umschlagseite hinten:
Michelangelo, Erythraeische Sibylle

Layout: Cornelia Agel
Herstellung und Verlag:
BoD - Books on Demand, Norderstedt 2021
ISBN 978-3-75434-933-5

PERSONEN

ABURIEL	*eine engelgleiche Figur*
TRAURIGE PERSON	
HANS	*Gesundheitsminister*
JOHAN	*Schauspieler*
RICHARD	"
VOLLHARD	"
CHRISTOPH	"
MAREN	*Schauspielerin*
NELE	"
REGINE	"
JOHANNIS	*Chefredakteur*
MARVIN	*ein Schlaumeier*

ORT

Bundesrepublik

ZEIT

Gegenwart

INHALT

›In der Krise wächst die Neigung, den Meinungsgegner zum Dissidenten zu machen, zum Abgesonderten, und das geschieht wirksam durch moralische Ächtung.‹
A.G.

AUF EIN WORT

Unmittelbarer Anlass für dieses Stück war das Angeschwärzt-werden durch eine Frau, namens Sibylle. Jahrzehntelang lebte man in gutem Einvernehmen nebeneinander her, dann plötzlich diese Attacke. Sie kam nicht von ungefähr. Ich hatte im *Berliner Literaturhaus* die ersten beiden Akte von ›Unkorrekte Liebe‹, einem politischen Schwank in Versen, vorgetragen, und die Materie brachte es mit sich, dass auch Namen von Politikern eine Rolle spielten. Die Idee des Schwanks ist, dass sich zwei bekannte politische Personen aus dem linken wie dem rechten Lager ineinander verlieben, um sich durch die Liebe gegenseitig von ihren extremeren Positionen weg- und auf die politische Mitte zu-bewegen. Das wurde schon in den ersten beiden Akten überdeutlich, musste also Sprachpolizistinnen von vornherein zur Vorsicht mahnen.

Der aufwallende politische Wahn wollte es, dass ich trotzdem angeschwärzt wurde – ausgerechnet von einem mir so lange freundlich gesinnten Menschen! Jene Sibylle stieß sich an der namentlichen Nennung einer Akteurin aus der rechten Szene. Soweit ich weiß, unterließ sie es aber, mich zu verleumden, sie verspritzte ihre Galle nicht in alle Richtungen, machte sie also nicht öffentlich. Sie verunglimpfte mich nur privat – nach der Devise, ich sei wahrscheinlich ein Anhänger der *Alternativen Liste*. Doch das reichte mir bereits, ihr postwendend die Freundschaft aufzukündigen.

Dieser Vorfall war, wie gesagt, nur der unmittelbare Anlass für das folgende Stück. Erst die Pandemie und mein eigenes

Verhalten in ihr brachten mich dazu, von dem Vorfall abzusehen oder besser, ihn in eine allgemeinere Betrachtung einzubetten. Ich, der doch selber das Opfer einer Denunziation geworden war, beobachtete an mir ein ähnliches Symptom: Wenn jemand – etwa in Bussen oder Bahnen – keine Maske trug, schaute ich ihn scheel von der Seite an, nach dem Motto: Wenn *ich* die Maske nun schon tragen und ertragen muss, dann doch bitte sehr auch *er*. Zwar wies ich niemanden öffentlich zurecht, wie es so manche andere taten, aber ich dachte mir mein Teil. Im Grunde verhielt ich mich nicht wirklich besser.

Diese Erfahrung ließ mich grundsätzlicher über den *Mythos der ›Sibylle‹* nachdenken. Vielleicht, dass sich in der Psyche der Person gleichen Namens, die mich so überraschend attackiert hatte, unwillkürlich etwas aus archaischer Vergangenheit erhalten hätte. Als klebte an dem Namen das Pech der *erythräischen Sibylle,* die für ihre apokalyptischen Visionen bis ins Mittelalter gefürchtet und verehrt worden war. Ihre von Michelangelo an die Decke der Sixtinischen Kapelle al fresco gemalte Figur ziert den Rückendeckel meines Stücks. Den vorderen reserviere ich für Michelangelos *delphische Sibylle.* Sie ist noch eindrucksvoller komponiert und verweist dazu auf ihre Nachbarschaft zum pythischen Orakel. Im Hinterland des apollinischen Tempels versteckt sich ein Fels zu ihren Ehren, als wollte sie mit der Pythia konkurrieren. Um schwer zu entwirrende Rätselsprüche ging es bei beiden. Und auch um die Nähe beider zu Apoll. Es heißt, der Gott der Künste und Weissagungen habe vergeblich um Sibylle geworben.

Vergeblich blieb auch Apolls Werben um Kassandra, die danach den Untergang von Troja vorausgesagt hatte. Darin, in den dunklen Prophetien, die sie von sich gaben, berühren sich die Mythen dieser Schwarzseherinnen, wie überhaupt der Sibyllen-Kult von einer weitreichenden Mythenverwandtschaft geprägt ist. Er entstand an vielen Orten., die jeweils der Sibylle ihren Beinamen gaben. Der römische Historiker Varro aus dem ersten vorchristlichen Jahrhundert bringt es allein auf zehn. Sie firmierten als weibliche Pendants zu den Propheten. Ihre Sprüche, ihre Dicta, wurden in den sibyllinischen Büchern gesammelt – die *erythräische* von Michelangelo blättert in einem –, sie passten aber auch auf lose Blätter. Eins davon sehen wir auf seiner ›*Delphica*‹.

Die divinatorischen Fähigkeiten der Sibyllen waren äußerst ambivalent: Sie reichten ans Göttliche – weshalb sie zum Teil als Diven verehrt wurden –, aber auch ans Gegengöttliche. Das brachte ihnen den Ruf ein, Hexen zu sein. Prophetie und Hexerei liegen ja nicht weit auseinander, und es dürfte dieser Ruf sein, mit dem man sie bis heute am ehesten verbindet. Die Frage, ob wir nicht alle, also auch die, die nicht ihren Namen tragen, von den ›Sibyllen‹ samt ihren unheilvollen Sprüchen gezeichnet sind, lasse ich offen. Es bleibt der Verdacht, manche ihrer schwarzen Prophezeiungen übten bis in unsere Zeiten eine unheimliche Wirkung aus.

Um dem dunklen sibyllinischen Charme nicht zu erliegen, mögen die Zuschauer von der Lichtgestalt *Aburiel* eingenommen werden. Ich entlehne sie ›*Thomas Chatterton*‹, der Tragödie Hans Henny Jahnns über einen genialen altenglischen Poeten, der sich mit achtzehn Jahren, von seinen Zeitgenossen missachtet, das Leben nahm. 1956 inszenierte Gustaf Gründgens die Uraufführung des Stücks im Deutschen Schauspielhaus in Hamburg, und ich, der als Chorknabe von Sankt Michaelis die kleine Gesangsrolle des *Master Cheney* übernehmen durfte, sah es von der Seitenbühne aus – mit dem kongenialen Heinz Reincke in der Titelrolle.

Die Aufführung beeindruckte mich tief, besonders auch die Schlussworte von Richard Münch, der den Part des *Aburiel* zu spielen hatte. Ich höre noch wie damals den Anfang seines letzten Monologs: ›*Wenn ein Achtzehnjähriger, der vom Genie berührt war, elendig verkommt, bleiben Schuldige zurück...*‹ So oder so ähnlich muss er gelautet haben. Erst kurz, bevor ich mit meinem eigenen Stück ›*Wir Denunzianten*‹ begann, erwarb ich von der traditionsreichen Hamburger Buchhandlung *Felix Jud* den 2. Band der Dramen Jahnns und las zum ersten Mal die ganze Tragödie. Bis dahin blieben nurmehr Satzfetzen, die mir von der Bühne zugeflogen waren, in meinem Gedächtnis haften.

Nach der Lektüre wurde mir klar, dass ich eine Rolle wie die des *Aburiel* benötigte, um mein Stück zu einem guten Ende zu führen. Es handelt von der Aktion *#alles dichtmachen,* die öffentlich für viel Furore sorgte, um kurz darauf wieder in der Versenkung zu verschwinden. Ich möchte diese Aktion, die zu schnell übergangen wurde, wieder in Erinnerung rufen. Als die Bösen meines Stücks erweisen sich nicht die Schauspieler. Das sind eher die Guten. Die Bösen sind die Rundfunkräte, weil sie die an der Aktion Beteiligten, als hätten sie sich schuldig gemacht, zum Rapport zitierten.

Nur einer engelgleichen Gestalt kann gelingen, was niemandem unter den Sterblichen bisher gelang: die ominösen Räte endlich ihres Postens zu entheben, da ihr Verhalten unseren demokratischen Verhältnissen einen Bärendienst erwies.

Dass ich für dieses Stück erneut die gebundene Rede verwende, hat einen einfachen Grund: Im Anschwärzen stecken zu triste Momente, um sie nicht wenigstens durch den Klang von Reimen zu übertünchen und das Publikum davon abzulenken.

1. SZENE

Prolog

Die Traurige Person auf dem Proszenium

TRAURIGE PERSON
Ist es vielleicht ein Urbedürfnis,
nicht zwar, den andern auszumerzen,
doch ihn stattdessen anzuschwärzen?
Besteht vielleicht ein Urzerwürfnis
zwischen allen, dir und mir,
und keiner könnte was dafür?

Man mache einmal selbst den Test
und feiere ein kleines Fest,
lade sich abends Gäste ein,
vielleicht noch ein paar obendrein,
da ereilt dich schon die Pein.
Du könntest vor Entsetzen schrein.
Ein Nachbar hat längst nachgezählt,
die Ordnungskräfte angewählt,
und die erscheinen auf der Stelle.
Sie stehen schon auf deiner Schwelle
und lösen deine Feier auf.
Meistens zahlst du auch noch drauf.

Der Nachbar kann sich herrlich brüsten
mit seinen heimlichen Gelüsten.
Er schwärzt dich an, ganz anonym,
ein richtig feiges Ungetüm,
verrät dich wegen zu viel Gästen,

tut nichts als nur die Luft verpesten,
doch Ordnungskräfte loben ihn
für seine gute Disziplin.
Dabei spricht die Denunziation
allen guten Sitten Hohn.

Diese Fälle sind Legion.
Statistiken wärn voll davon,
wenn wir sie nur erheben wollten
und dem Faktum Achtung zollten.
Das tun wir aber lieber nicht,
es hat für uns nicht das Gewicht.
Der Nachbar tut doch seine Pflicht.
Er möchte deine Lust nicht lähmen,
er will doch nur das Virus zähmen.
Wir sollten uns deshalb nicht grämen,
ihn auch nicht negativ erwähnen.

Und wenn wir einmal in uns gehen,
dann werden wir schon sehr bald sehen,
dass wir nicht sehr viel besser sind.
Wir sind desselben Geistes Kind.
Die Pandemie steht oben an,
alle stehn in ihrem Bann.

Tut nicht jeder, was er kann,
um ihre Ausbreitung zu lindern?
Indem wir andre daran hindern,
gegen die Regeln zu verstoßen,
tun wir's im Kleinen wie im Großen.

Als hätten alle sich verschworen,
ja, sich dazu auserkoren,
selber Ordnungskraft zu spielen
und nach dem Gesetz zu schielen,
für seine Einhaltung zu sorgen,
seine Kraft sich zu erborgen

ABURIEL, *erscheint plötzlich durch eine geheime Hintertür*
Junger Herr, seien Sie nicht traurig!
Was Sie da sagen, klingt zwar schaurig,
doch so etwas geschieht nun mal,
und manchmal ist es auch fatal.

Wenn große Krisen uns bedrohen,
können wir sehr schnell verrohen.
Da wacht dann bei der kleinsten Feier
dein nächster Nachbar wie ein Geier
über jeden Schritt von dir
und folgt dir bis vor deine Tür,
ja, selbst bis in dein Haus hinein.
Am Ende bist du nie allein.

TRAURIGE PERSON
Wer seid Ihr und wo kommt Ihr her?
Was Ihr da sagt, gefällt mir sehr.
Es tröstet mich für den Moment.

ABURIEL
Ich bin jemand, den keiner kennt,
der lediglich für etwas brennt,
für etwas, was Ihr Freiheit nennt.
Drum tret ich gern in Krisen auf.
Ich merke mir ihren Verlauf,
greife dort ein, wo es nötig
und zeige mich, wenn's geht, erbötig.

TRAURIGE PERSON
Ein Schauer erfasst meinen Sinn,
doch nehm ich ihn nicht ungern hin.
Als wärt vom Himmel Ihr gesandt
und nur von Ihm wahrhaft erkannt.

Ihr kommt mir übrigens grade recht.
Uns geht es zur Zeit ziemlich schlecht.

Ich denke da an ein Problem –
es ist ein neues Phänomen.

ABURIEL
Was meinen Sie, nur frei heraus!
Wenn ich kann, helfe ich aus.

TRAURIGE PERSON
Wir schießen grad ein Eigentor.
Ein Freiheitseinbruch steht bevor.
Habt Ihr von Jóhan schon gehört?
Der hat die halbe Welt empört.

ABURIEL
Etwa die Video-Aktion?
Freilich hörte ich davon.
War er nicht bis dato gar
ein richtig großer Fernseh-Star?

TRAURIGE PERSON
Er ist es noch, nur für wie lange,
davor wird mir jetzt ehrlich bange.
Seine Aktion schlägt hohe Wellen.
Schon höre ich die Hunde bellen.
Sie gehen ihm schon an den Kragen.
Wir müssten deshalb etwas wagen.
Wüsst ich nur, was, ich würd es sagen.

ABURIEL
Ich schlage vor, wir schaun erstmal.
Das Ganze war ja ein Fanal.
Wir sollten es genau studieren,
bevor wir etwas ausprobieren.
Dann sind wir beide etwas schlauer
und wissen sicher auch genauer,
wo wir etwas ändern können.

TRAURIGE PERSON
Wir würden uns wohl sonst verrennen.

Es stimmt, wir müssen genau schauen,
bevor wir uns an etwas trauen
und erstmal an die Arbeit gehen,
um alles besser zu verstehen.

Ende der 1. Szene

2. SZENE

Die Kampagne #allesdichtmachen

Traurige Person, Johan und Kollegen auf der Hauptbühne

TRAURIGE PERSON
Die Kampagne war ein Kracher
und der Regisseur ein Macher.
Ihm folgten Schauspieler en masse.
Deren Botschaften warn krass.
Sie richteten sich allesamt
an Politik als hohes Amt.

Hochamt meint eine Politik,
die jenseits jeglicher Kritik
ihre Entscheidungen so trifft,
als gäb es nur *ein* Gegengift,
um das Virus zu besiegen,
dem wir alle unterliegen,
als gäbe es zu den Verboten
zur Verhinderung von Toten
keinerlei Alternativen,
außer bloß äußerst naiven.

Der kompromisslos neue Stil,
der war es wohl, der sehr missfiel.
Er erschien gleichsam unfehlbar,
als wäre gar kein andrer wählbar.
Dann dazu, dass' Gott erbarm,
der quasi ständige Alarm

mit der Panik, die er schuf.
Zu Recht geriet er in Verruf.

Das Ziel der Politik war hehr,
erzeugte aber Gegenwehr.
Der Weg zum Ziel wurde bezweifelt,
doch wer das tat, wurde verteufelt.
Das machte viele ungehalten –
die Gesellschaft war gespalten.

Als schließlich der Lockdown begann,
fing der Stress erst richtig an,
besonders dann beim dritten Mal.
Das führte letztlich zum Fanal.

Schauspieler und -spielerinnen
sollten nun etwas beginnen,
was bislang ohne Beispiel war:
eine Satire ganz und gar,
als Video-Clip aufgenommen,
um auch ans Publikum zu kommen.

Im Zentrum stand ein Komödiant,
mit viel Witz und viel Verstand.
Wir wollen uns hier unterbrechen
und lassen ihn gern selber sprechen.

Johan
Ich möchte heute mit Behagen
einmal herzlich Danke sagen
allen Medien der Republik,
die mit besonderem Geschick,
jeglicher eignen Meinung bar,
nun schon seit über einem Jahr
für etwas Großes Sorge tragen,
zu groß, um es zu hinterfragen:
für den ALARM! Er bleibe dort,

an seinem angemessenen Ort,
ich meine damit ganz, ganz oben!
Dafür will ich die Medien loben.
Egal, was immer auch passiert,
Hauptsache, Ihr alarmiert!

Auch, dass Ihr den Disput umgeht,
Euch nur auf die Version versteht,
die von der Regierung kommt,
auf dass sie allen Bürgern frommt,
damit wir stets genau beachten,
sowie immer danach trachten,
unsrer Regierung zuzustimmen,
uns auf die Maßnahmen zu trimmen,
die ihr angemessen scheinen,
um uns mit ihr zu vereinen.

Ich lob mir auch ihre Berater.
Erleben wir nicht ein Theater
verschiedenster Wissenschaftsakteure,
die alle wie um eine Möhre
sich um die wahre Meinung streiten?
Solln sie die Kanzlerin verleiten
und ihre Politik begleiten?
Ich sage ›nein‹, das solln sie nicht!
Das ist keine Regierungs-Pflicht.
Sie hört doch bereits auf Experten,
darunter durchweg gut bewährten.
Andren noch Gehör zu schenken,
würde nur vom Weg ablenken.
Das gilt selbst für Nobelpreisträger.
Sie sind vom Geist her zwar viel reger,
doch solln sie keine Bühne kriegen –
dafür sind sie viel zu verstiegen,
sie würden die Wahrheit bloß verbiegen.
Nur den Bewährten wird gelingen,
wofür sie sich seit je verdingen:

die Pandemie ganz zu bezwingen.
Sie stehen für *die* Wissenschaft
Alles andre wär gelacht!

Allerdings muss ich gestehen,
dass neuerdings Dinge geschehen,
die nichts Gutes ahnen lassen.
Wir müssen uns damit befassen!

Da wolln doch manche Journalisten,
fast wie einst die ersten Christen,
kritische Berichte schreiben.
Beenden wir schnell dieses Treiben!
Wir müssen uns dagegen wehren,
das würde uns mehr als entehren.
Wir müssen tun, was man uns sagt
und das vor allem unverzagt!
Das Virus wird nur so besiegt,
oder jeder unterliegt.

Drum bleiben Sie mir recht gesund
und halten Sie ja Ihren Mund!
*Ver*zweifeln dürfen Sie zwar gerne,
doch jeder Zweifel liege ferne!

TRAURIGE PERSON
Sprachs und beendete den Clip.
Ich muss sagen: Das war hip!
Auch die andern warn nicht schlecht,
der Marvin kommt mir da grad recht.

MARVIN
Ich hab im letzten Jahr begonnen
und für uns viel dabei gewonnen,
meine Finger einzusetzen,
um andere Leute zu verletzen.
Ich zeigte mit dem Finger: so *(macht es vor)*

und wurde meines Lebens froh,
wenn ich jemanden erwischte,
der sich unter Leute mischte
und keine Maske bei sich hatte.
Du, da bin ich nicht aus Watte:
Ihn sehn und anzeigen war eins!

Früher machte jeder seins,
doch heute ist das nicht mehr meins.
Heute schwör ich Stein und Bein:
Wir müssen solidarisch sein!
Anders ist es nicht zu machen –
nur ja keine halben Sachen! –
solidarisch mit den Schwachen!
Mit der Regierung übrigens auch,
das gehört zum guten Brauch.

TRAURIGE PERSON
Als sei das alles nicht genug,
kommt jetzt der Vollhard noch zum Zug.
Er macht die Angst zu seinem Thema,
presst sie in ein neues Schema.

VOLLHARD
Ich will mehr Angst in meinem Leben,
denn ohne Angst ist all mein Streben
sinnlos, da die Angst ihm fehlt.
Angst ist etwas, das mich quält.
Daher mein Appell nach oben:
Sie sollen feierlich geloben,
uns unbedingt mehr Angst zu machen,
ich pack sonst meine sieben Sachen.

TRAURIGE PERSON
Darf sich solch ein Appell noch steigern,
oder muss man sich ab jetzt verweigern?
Sie werden sehen: nichts dergleichen.

Der Richard lässt sich nicht erweichen.
Er setzt dem noch die Krone auf
und nimmt die Reaktion in Kauf.

RICHARD
Schließen Sie jede Wirkungsstätte,
das zieht, da mach ich jede Wette!
Nicht nur Cafés und die Theater –
davon kriegt man keinen Kater –,
auch bitte Schulen und Fabriken,
weil sie alle menschlich ticken.
Dazu auch Knopf- und Bücherläden
wegen der besondren Schäden,
die eine Schließung mit sich bringt,
egal, wie jeder darum ringt.
Vor allem auch die Supermärkte,
da alles, was den Magen stärkte,
von übel ist, daher zu schließen.
So können wir nichts mehr genießen,
verhungern werden Leib und Seele.
Das sind letztendlich die Kanäle,
die das Covid-Virus nähren.
Dabei müssen wir es stören.
Sind wir erst alle mausetot,
leidet auch das Virus not.

TRAURIGE PERSON
Mit Richard schließen wir den Kreis.
Er stellt sehr scharf unter Beweis,
was Satire kann und will:
Sie plädiert für neuen Stil.

Ende der 2. Szene

3. SZENE

Die Reaktion auf die Kampagne

Traurige Person, Aburiel, Marén, Nele und Christoph

TRAURIGE PERSON
Was sagt dazu der Abgesandte,
der, den bislang niemand kannte?

ABURIEL
Ich warte gern noch etwas ab,
ehe ich eine Meinung hab.
Das, was wir sahn, war so kompakt,
da komme ich fast aus dem Takt.
Ich kann es wohl nicht ganz verhehlen,
dass mir noch ein paar Punkte fehlen.
Ich muss mich noch etwas besinnen.

TRAURIGE PERSON
Noch fehlen ja auch ein paar Stimmen,
vor allem die Schauspielerinnen.
Die blieben bis jetzt ungehört,
doch haben sie mich sehr betört.

ABURIEL
Gab's einen Grund, sie nicht zu nennen?

TRAURIGE PERSON
Er ist nicht einfach zu erkennen.
Es gab ja sofort Widerstand.
Kaum warn die Video-Clips bekannt,

warn alle außer Rand und Band.
Die Leute wurden fast beschimpft,
so als wärn sie falsch geimpft.
Das hat viele dann bewogen,
dass sie sich dem ganz entzogen.
Sie löschten ihre Videos,
da war richtig der Teufel los.

ABURIEL
Das ist ja ein starkes Stück.
Wer genau zog sich zurück?

TRAURIGE PERSON
Es waren ganz besonders Frauen,
auf die wir ganz besonders bauen,
deren Stärke wir vertrauen.
Die Reaktion hat sie verbittert
und daraufhin wohl so erschüttert,
dass sie um Verzeihung baten
für das, was sie gerade taten.

ABURIEL
Schlimmeres kann kaum passieren!
Das geht einem gleich an die Nieren.

TRAURIGE PERSON
O doch, schlimmer geht noch immer!
Ich hatte bisher keinen Schimmer
von einem ganz speziellen Trend,
den man die Einschüchterung nennt.
Der hat viele so geschockt,
dass sie anschließend so taten,
als hätten sie sich arg verzockt
und die hohe Politik verraten.
Eine nannte es unverzeihlich,
solch eine Aktion zu machen,
als wär die Politik ihr heilig.

ABURIEL
Da vergeht einem das Lachen

TRAURIGE PERSON
Regine war es, die so sprach.
Sie betrachtete als Schmach,
sich so eingemischt zu haben,
trotz ihrer besonderen Gaben.

ABURIEL
War ihr Beitrag so gefährlich,
oder war sie nur sehr ehrlich?

TRAURIGE PERSON
Wenn man das ›ehrlich‹ wörtlich nimmt,
würde ich meinen, dass es stimmt.
Doch lassen wir sie selbst es sagen,
danach ergeben sich die Fragen.

REGINE
Ich unterstütze alle Maßnahmen
in einem ganz bestimmten Rahmen,
denn ich liebe mir das Meer,
ja, ich liebe es so sehr,
dass ich mehr Maßnahmen will,
denn das ›mehr‹ ist nie zu viel.
Nur mit mehr komm ich ans Meer,
also noch mehr, bitte sehr!

ABURIEL
Ein hübsches Wortspiel mit dem ›Meer‹!
Regine hat sich nicht verrannt,
ich finde ihn fast elegant,
diesen zierlichen Zynismus,
anmutend wie ein Aphorismus.

TRAURIGE PERSON

Das finde ich auch, doch genau das
verdarb den Guten wohl den Spaß.
Marén war eine unter ihnen,
die davon ganz verängstigt schienen.
Obwohl sie noch recht harmlos klang,
wurde ihr danach angst und bang.

MAREN

Wir alle sind so schön empathisch
und geben aufeinander Acht,
doch das ist ganz schön problematisch,
denn was es aus uns allen macht,
ist, dass wir alle überwachen
und den Esprit dazu entfachen.

TRAURIGE PERSON

Marén nahm etwas auf die Schippe:
die Politik der Empathie.
So stand ihr Video-Clip auf der Kippe,
denn das verzeiht man einem nie.
Morddrohungen folgten auf dem Fuße –
trotz ihrer postwendenden Buße.

MAREN

Zu zynisch war unsre Aktion.
Wir vergriffen uns im Ton!

ABURIEL

Die Morddrohung: War das der Gipfel,
oder wieder nur ein Zipfel
von der geballten Reaktion?

TRAURIGE PERSON

Der Gipfel war's, das denk ich schon.
Den Nazi-Vorwurf lass ich weg.
Es ist der ganz normale Dreck,

den jeder zu erwarten hat,
der etwas nicht Normales tat.

Marén ging nicht mehr aus dem Haus.
Aus Angst ging ihr der Frohsinn aus.
Danach gab's die Kollegen-Schelte.
Hier nur zwei Beispiele der Kälte,
mit der die Kritiker vorgingen.
Nele sei zuerst genannt,
auch sie vom Fernsehn gut bekannt.

NELE
Müsste nicht, so frage ich,
bei der Aktion ein jeder sich
auf mehr Achtsamkeit besinnen,
sowohl draußen als auch drinnen?
Doch das scheint euch nicht zu passen.
Das ist einfach nicht zu fassen.
Gut möglich, dass ihr euch bald schämt
und euch deshalb sehr bald grämt.

TRAURIGE PERSON
Zum Zweiten ihr Kollege Christoph.
Sein Beitrag kommt wie aus dem Off.
Auch Christoph spricht wie sie vom Schämen,
als ob sie sich gemeinsam lähmen
und nicht zu andren Schlüssen kämen.
Die beiden spielen viel zusammen.
Sowas erleichtert das Verdammen.
Doch Christoph spricht auch von Verschwörung,
das sorgt natürlich für Empörung.

CHRISTOPH
Von der Aktion halt ich nicht viel,
denn sie verfehlt genau ihr Ziel.
Sie spielt den andern in die Hände,
für die ich mich ungern verpfände.

Es sind Verschwörungsideologen.
Ihr überspannt daher den Bogen.

ABURIEL
Nun schein ich langsam zu begreifen,
worauf die Leute sich versteifen,
die die Aktion so schrecklich finden,
als würde sie kein Heil verkünden,
ja, gradenwegs ins Unheil münden.
Die Pandemie hält sie in Schach.
Sie bringt schon so viel Ungemach
durch das Befolgen von Geboten,
und dann sind da auch noch die Toten.
Kurz, das Heil steht auf dem Spiel.
Heilung ist das hehre Ziel
aller Maßnahmen und Regeln.
Ein jeder hat sich einzupegeln.
Dann möchte man nicht mit den Flegeln,
die satirische Kritik entfachen,
als wär alles nur zum Lachen,
auch noch gemeinsame Sache machen.

TRAURIGE PERSON
Nach dem Motto unseres Otto:
Es ist só schon ernst genug,
lasst gefälligst den Unfug!

ABURIEL
Ja, und auch in diesem Sinn:
Man nimmt alle Regeln hin,
als gäbe es Ernstfälle im Leben,
da dürfe es keine Satire geben.

TRAURIGE PERSON
Was Ihr da sagt, das leuchtet ein.
Es verursacht größte Pein,

in gewissen Lebenslagen
auch noch Komik zu ertragen.

ABURIEL
Tragödien wie die Pandemie
folgen eigener Regie.
Man lässt sich da fast alles nehmen,
die Freiheit selber wird zum Schemen.

TRAURIGE PERSON
Gibt es dann noch die Verschwörer,
die gegen alles aufbegehren,
dann schlägt die Stunde der Empörer,
die die Schauspieler belehren,
sie würden jedes Ernsts entbehren.
Sie sollten sich im Kampf verzehren,
im Kampf gegen die Pandemie,
statt mit Verschwörern zu paktieren
und die Regierung zu traktieren.
Man schiebt sie in die rechte Ecke,
als steckten sie unter einer Decke.

ABURIEL
Stimmt das mit dem Rundfunkrat?

TRAURIGE PERSON
Ja, einer, der schritt schnell zur Tat.

ABURIEL
Der Schauspieler um Rücktritt bat?

TRAURIGE PERSON
Gebeten hat er leider nicht.
Er hielt es wohl für seine Pflicht,
die Rundfunkgremien anzuhalten,
schnellstens Ihres Amts zu walten

und die Zusammenarbeit zu beenden,
um weiteres Übel abzuwenden.
Das forderte er prompt auf Twitter.

ABURIEL
Er säh sie wohl gern hinter Gitter.

TRAURIGE PERSON
Es ist ein armer Rundfunk-Ritter.

ABURIEL
Nicht eher eine taube Nuss?

TRAURIGE PERSON
Ja, aber taube Nuss mit Einfluss.
Das bereitet viel Verdruss.
Er nennt die Aktion undifferenziert,
als hätten die Leute nichts kapiert.
Sie seien nicht mehr repräsentabel.
Doch damit nährt er nur die Fabel
vom objektiven Meinungsmacher
in Anstalten des öffentlichen Rechts,
als ging's um Dinge des letzten Gefechts,
als gäb's in ihnen kein Geschacher.
Das geht mir dann denn doch zu weit.
Ich vermisse sehr den Streit.
Oft vertritt man dort nur Haltung,
es kommt zu wenig zur Entfaltung,
was ich neutrale Meinung nenne
und klar von einer Haltung trenne.

ABURIEL
Wie ging die Sache denn nun aus?

TRAURIGE PERSON
Da hieß es ganz schnell ›Aus die Maus‹.
Kaum gab's massiven Gegenwind,

löschte er den Tweet geschwind.
Doch andere Räte warn zur Stelle,
rückten den Spielern auf die Pelle.
Einer rief sie zum Rapport,
als wär der Rundfunkrat der Ort,
der über sie zu richten hätte,
als gäbe es keine andre Stätte,
die sie ganz normal empfinge.

ABURIEL
Die Rundfunkräte sind die Schlinge,
die sich um die Spieler windet,
in der ihre Kritik verschwindet.

TRAURIGE PERSON
So könnte man es wirklich sehen.

ABURIEL
Als Demokrat kriegt man die Wehen.

TRAURIGE PERSON
Doch noch einmal zu den Kollegen.
Manche warn äußerst verwegen.
Sie griffen richtig in die Vollen
und gierten bereits nach den Rollen
der verfemten Schauspieler.
Sie benahmen sich wie Dealer,
die einen schmutzigen Handel treiben
und sich den Vorteil einverleiben.

ABURIEL
Man könnte sie Aasgeier nennen,
die sich zu ihrem Deal bekennen.

TRAURIGE PERSON
Die wollten Rechnungen begleichen
und sich die Rollen so erschleichen,

oder waren einfach gierig.
Jedenfalls ist es sehr schwierig,
genaue Gründe anzuführen.

ABURIEL
Wie wärs mit Schauspielerallüren?

TRAURIGE PERSON
Es handelt sich wohl nur um Häme,
oder um hundsgemeine Feme.

ABURIEL
Sind's die Verhältnisse, die tanzen?
Gibt's eine Logik in dem Ganzen?

TRAURIGE PERSON
Wenn's eine gibt, dann ist es die,
auf die kämt Ihr wahrscheinlich nie:
Die Logik ›Osten gegen Westen‹.
Das kann man leicht an Jóhan testen.
Er hat die Aktion angeführt,
weshalb ihm auch der Preis gebührt,
wenn es einen geben sollte
und man ihm nicht weiter grollte.
Er kannte noch die DDR.
Die gibt's bekanntlich jetzt nicht mehr.
Er kannte sie genau von innen,
deshalb ist er nicht von Sinnen,
wenn er hier Parallelen sieht,
vor denen er natürlich flieht.

ABURIEL
Der Westen als verkappter Osten!
Da ist Jóhan auf dem Posten,
doch hat er einen schweren Stand
in eurem fast zerrissenen Land.

TRAURIGE PERSON
Wohl wahr, das zeigt die Reaktion.
Man wusste das auch vorher schon,
nur will es niemand gerne hören.
Das würde unsre Kreise stören.
Die Pandemie entlarvt uns jetzt,
leider wird sehr viel gehetzt.
Marvin hat es uns gesagt.
Er weist vergnügt und unverzagt
mit seinem Finger auf die Leute,
als ob es ihn besonders freute.

Ende der 3. Szene

4. SZENE

Das Streitgespräch

Johannis, Johan und Hans;
Traurige Person und Aburiel
hören heimlich im Hintergrund zu

JOHANNIS
Als Chef von einer Wochenschrift
muss ich sagen, mich betrifft
die Form, wie die Aktion verlief.
Sie betrifft mich sogar tief.
Ich bat deshalb zur Diskussion
Johán, das Haupt dieser Aktion
und Hans, Minister der Gesundheit.
Beide sind gesprächsbereit.

Johán, an Sie zuerst die Frage:
Wie beurteilen Sie die Lage?
Ist die Gesellschaft zu zersplissen?
Ist der Gesprächsfaden gerissen?

JOHAN
Meine Beobachtung ist die:
Seit Beginn der Pandemie
sind drei Gruppen zu erkennen.
Ich will sie Ihnen alle nennen.
Im Falle eines Falles
unterstützt die eine alles,
was der Minister von uns fordert,
egal, wozu er uns beordert.

Die zweite ist ganz strikt dagegen,
und lässt sich nicht dazu bewegen,
von ihrer Haltung abzuweichen –
also Querdenker und dergleichen.
Dann gibt es aber noch die dritte.
Sie steht quasi in der Mitte
zwischen den extremen Polen,
und ich sage unverhohlen:
Dieser rechne ich mich zu.
Das heißt, was ich auch immer tu,
ist zwar weder dies noch das,
dafür jedoch von beidem was.
Manches befolg ich durchweg gern,
doch manches liegt mir völlig fern.
Dazwischen herrscht ein Vakuum

HANS
Nehmen Sie es mir nicht krumm,
dass ich die Sache anders sehe
und Sie im Zweifel nicht verstehe.
Ich selber hinterfrage mich.
Ihre Kritik, die hält nicht Stich.
Viele Politiker handeln so,
die meisten Bürger ebenso.

JOHAN
Das Phänomen ist mir bekannt,
Sie haben es genau benannt:
Sie sprechen von der ersten Gruppe.
Das ist jedoch nicht meine Truppe.
Die spuckt mir jetzt ja in die Suppe.
Bedenken Sie, woran das lag:
Heute ist der vierte Tag,
seit es diesen Urknall gab,
den ich auszustehen hab,
und ich tauch das erste Mal
wieder aus dem Tränental.

Der dichte Nebel lichtet sich
für meine Leute und für mich.

JOHANNIS
Es stimmt, die Aufregung war groß.
Der Streitpunkt sind die Videos.
Hans, haben Sie sie angesehen?
Kann man die Aufregung verstehen?

HANS
Sie sind professionell gemacht,
doch geben sie nicht genügend Acht
auf die Verletzbarkeit der Leute.
Die werden manchmal schnell zur Beute
großer Übertreibungen.
Die führen dann zu Reibungen.

Wenn einer in die Tüte pustet,
oder in die Tüte hustet
und Beatmung imitiert,
dann sind Betroffene irritiert.
Das ist logisch – und geschmacklos.

JOHANNIS
Entsprechen diese Videos
dem, was Sie daheim erfahren,
wenn Wähler sich lautstark gebaren?

HANS
Ja, das erfahre ich nicht selten,
dass die Wähler mit mir schelten,
sie fühlten sich nicht wahrgenommen.
Da bin ich dann oft ganz beklommen.

Was mich aber richtig stört
und was sich wirklich nicht gehört,
ist dies ›Sich-an-den-Medien-rächen‹

und von ihnen so zu sprechen,
als wärn sie alle gleichgeschaltet,
von der Politik gleichsam verwaltet.
Johán, das stört mich auch an Ihnen.
Wollen Sie dies Klischee bedienen?

JOHAN
Hans, lassen sie mich sagen...

JOHANNIS *unterbricht ihn*
...Darf ich dazu etwas fragen?
Es betrifft den gleichen Punkt:
Aus Ihrem Video, da unkt
es ähnlich, ganz pauschal,
als wäre es Ihnen ganz egal,
welche Medien Sie meinen,
als ob Sie gegen alle greinen.
Doch die *BILD* attackiert täglich
die Regierungspolitik
und findet sie durchweg unsäglich.
Ist das für Sie keine Kritik?
Es ist die größte Tageszeitung,
dazu unter recht forscher Leitung.

JOHAN
Von »gleichgeschaltet« sprach ich nie.
Ich breche da nichts übers Knie.
Man unterstellt uns das, als wärn wir Rechte
oder irgendwelche Knechte,
die den Verschwörern nahestehen.
Das muss man nuancierter sehen!

Ich rede nicht von Gleichschaltung,
eher von der gleichen Haltung,
die viele Journalisten teilen,
als würden sie sich sehr beeilen,
höchst verantwortlich zu schreiben

und ungewollt etwas betreiben,
was so massiv zu Buche schlägt,
dass man es nur noch schwer erträgt.

Ich kann von mir persönlich sagen,
dass ich zum Schluss an manchen Tagen
immer meschuggener geworden bin.
Die Medien verloren ihren Sinn.
Das ganze Nachrichtengewitter
kam mir vor wie ein Getwitter,
das sich bei vielen ähnlich las.

JOHANNIS
Hans, bestätigen Sie das?

HANS
Ich kann damit nichts anfangen.
Mir ist es da anders ergangen.
Die Medien warn nie über Gebühr
dagegen, oder auch dafür,
wenn ich Anordnungen erließ.
Die Kritik, auf die ich stieß,
schien mir meistens abgewogen.
Es gab eher – ungelogen –
für unsere gesamte Innung
gesellschaftliche Zustimmung
zum Schutz vor dieser Pandemie.
Jóhan, das vergessen Sie.
Sie sollten das auch akzeptieren
und sich nicht in Kritik verlieren.

JOHANNIS
Des öfteren hat sich gezeigt,
die Schauspielbranche scheint geneigt,
auf wissenschaftlichen Rat zu setzen
und sich mit Ärzten zu vernetzen,
die das Virus harmlos finden,

um sich mit ihnen zu verbünden..
Was sagen Sie dazu, Johán,
ist da wirklich etwas dran?

JOHAN
Ich kann nur für mich selber sprechen
und möchte auch den Stab nicht brechen.
Doch ich werde ziemlich skeptisch,
vielleicht sogar auch etwas hektisch,
wenn mir Alternativen fehlen.
Niemand kann mir doch erzählen,
etwas sei alternativlos.
Da stellt sich jemand doch nur bloß.
Ich fang dann an, mal nachzulesen
und frag mich, wie wär es gewesen,
hätte man anderen Rat gesucht,
von gleichfalls kompetenten Leuten,
um deren Wissen auszubeuten.
Aber es scheint mir wie verflucht,
man tut es nicht, hört sie nicht an,
lässt nur die eignen Leute ran.
Die andren werden abgebügelt,
als wär die Wahrheit wie versiegelt.
Das finde ich äußerst gefährlich!
Ich sag es Ihnen ganz ganz ehrlich.

Obendrein gleich nóch etwas,
damit es voll wird, dieses Fass.
Ich treffe in verstärktem Maße
viele Leute auf der Straße.
Die erzählen mir Geschichten,
und was sie mir dabei berichten,
läuft oft genau aufs Gleiche raus:
Sie kennen sich bald nicht mehr aus.
Sie wagen selten, was zu fragen,
aus Angst, nichts ungestraft zu sagen.

JOHANNIS
Das strenge Virologen-Votum
ist ein Faktum, kein Faktotum.
Was macht sowas mit Ihnen beiden
und wie können Sie das leiden?

JOHAN
Für mich ist das zu apodiktisch,
ich sehe das vor allem kritisch,
als wäre Strammstehn die Devise,
da kriege ich sofort die Krise.
Alle Aufklärung ist gut,
was mehr ist, ist nur Übermut.
Ich will gerne selbst entscheiden
und kann das deshalb gar nicht leiden.
Auch möchte ich mich nicht verrenken
und muss an meine Kinder denken.
Sie würden mir nicht Glauben schenken

HANS
Zwar wurde alles diskutiert
und alles wurde austariert,
doch muss die Politik entscheiden,
das ist nun mal nicht zu vermeiden.
Die Wissenschaft trägt dazu bei,
doch am Ende steht uns frei,
was wir an Maßnahmen empfehlen.
Wir müssen sie nur nüchtern wählen,
ohne mit Moral zu quälen.

Deshalb ärgert es mich schon,
vielleicht hörten Sie davon,
von diesem weinerlichen Ton,
wenn man von den Toten spricht
und sie als Argument einflicht.
Das ist für mich Hypermoral
und eigentlich bloß eine Qual.

JOHANNIS

Sie meinen wohl Ihren Kollegen.
Der gibt jenen keinen Segen,
die nicht für Infektionsschutz stimmen,
als wären sie komplett von Sinnen –
mit dem Argument, sie nähmen in Kauf,
es gebe Kranke und Tote zuhauf.

HANS

Nimmt ein Gespräch diesen Verlauf,
dann hört es meistens auch schon auf.
Es macht die Diskutanten stumm
und benimmt ihnen den Mumm,
weiter auf Fragen zu beharren.
Ich spann mich nicht vor diesen Karren.
Jeder Tote ist zu viel,
das ist doch unser aller Ziel.
Wir müssen auf dem Teppich bleiben
und dürfen niemals übertreiben.

JOHANNIS

Johán, nochmal zur vorigen Tranche,
das heißt, zurück zu Ihrer Branche.
Da herrscht zwar keinesfalls der Tod,
doch sie leidet richtig Not.
Nur Sie, Sie leiden wahrlich keine.
Trotzdem machen Sie uns Beine.
Sie sind bestens ausgelastet.
Sie sind ein Schauspieler, der hastet
vom Auftrag hier zum Auftrag dort,
man denkt, das geht in einem fort,
die Werbegelder fließen prächtig.
Das macht Sie irgendwie verdächtig.
Der Vorwurf schlägt Ihnen entgegen,
sie stünden schließlich nicht im Regen
und gäben jetzt den Robin Hood,
der das für die Kollegen tut,

doch das koste keinen Mut.
Sie würden nur die Not ausbeuten.
Was entgegnen Sie den Leuten?

JOHAN
Ist dás ein komisches Argument!
Was mich von solchen Leuten trennt,
ist, dass mir's auf den Nägeln brennt.
Soll ich denn, weil's mir so gut geht
als einer, der viel Filme dreht,
auf einmal meine Klappe halten,
anstatt auch selber zu gestalten?
Lieber mach ich doch das Maul auf
und setze dabei noch eins drauf.

Ich kann auch alles aussitzen,
käme dabei nicht ins Schwitzen
und würde sehn, wer übrig bleibt.

JOHANNIS
Das, woran sich mancher reibt,
ist nicht, dass Sie das Maul aufmachen.
Es sind wohl gänzlich andre Sachen.
Hang zum Zynismus ist es eher,
da kommen wir der Sache näher.

JOHAN
Das ist wahrscheinlich ein Aspekt,
der zutrifft, wir sind nicht perfekt
Ich will hier nicht den Eindruck schinden,
unsre Aktion toll zu finden.
Aus sicher wohlbedachten Gründen
kann man sie gewiss zerreißen.
Würde sie sonst Satire heißen?

Aber eins steht sicher fest:
Wir stachen in ein Wespennest.

Wir trafen einen wunden Punkt,
als hätte es plötzlich gefunkt.
Ich nenne diesen Punkt neuralgisch.
Vielleicht ist das etwas nostalgisch,
auf alle Fälle jedoch ›algisch‹:
Es bereitet echte Schmerzen,
mehr in Neuronen als im Herzen.
Wir haben einen Nerv getroffen!
Welcher es war, bleibt vorerst offen.

JOHANNIS
An Hans die Frage, sehn Sie's ähnlich?

HANS
Vielleicht bin ich für mich persönlich
dazu einfach nur zu dämlich,
den Punkt genauer zu erkennen.
Für mich wärn eher zwei zu nennen.
Ich kann mich da nur wiederholen:
Zum einen, dass Sie die verkohlen,
die einen harten Dienst versehen
und Ironie wohl kaum verstehen.

JOHANNIS
Sie denken an die Pflegekräfte.

HANS
Ja, die ein Video nachäffte.
Ich denk an sie, auch an die Ärzte,
die man sich leichtfertig verscherzte.
Zum zweiten: die erneuten Klagen,
man dürfe hier nicht alles sagen.

Eins gerät dabei aus dem Blick –
wendet sich an Jóhan
Sie übergehn es mit Geschick –,
und das ist nicht die Politik.

Die Pandemie ist es vor allem.
Sie stellt uns alle diese Fallen,
sie macht uns allen schwer zu schaffen.
Machen Sie deshalb nicht den Affen!

JOHAN
Moment mal, das heißt, ich verletze...

HANS *unterbricht ihn*
... bitte nur noch die zwei Sätze:
Auch ich genieße gern Kultur
und schaue da nicht auf die Uhr,
bin gern gesellig, geh gern weg.
Das ist jetzt nicht nur so ein Gag!
Doch das fällt leider alles weg,
solang das Virus uns bedroht.
Das ist unsre wahre Not!
Die Pandemie bedroht die Kunst,
als wäre sie nur blauer Dunst.
Sie stelln jedoch *uns* an den Pranger,
als wären wir die Handlanger.
Indes, wir sind es wirklich nicht,
wir tun nur einfach unsre Pflicht.

JOHAN
Komm, komm, jetzt unterstellen Sie,
ich sähe nicht die Pandemie,
forderte stets nur volle Säle,
in denen ich die Leute quäle.

Aus einem vollen Opernhaus
kommt keiner ungeschoren raus.
Das ist so klar wie Kloßbrühe,
Sie geben sich nur nicht die Mühe,
die Konzepte anzuschauen,
auf die all diese Häuser bauen.
Alle sind arm an Risiko!

Da sitzt man dann nicht Po an Po,
hält Abstand, wie es sich gehört,
dass niemand seinen Nachbarn stört.
All die Konzepte gehn konform
mit was? mit der Corona-Norm.

JOHANNIS
Haben Sie selbst das schon erlebt?

JOHAN
Ja, und die Halle hat gebebt.
Ich habe ein Konzert gegeben,
jeder konnte das erleben,
und niemand hat sich angesteckt.
Genau das hatten wir bezweckt.

Die Initiativen dieser Art
waren durchweg alle smart.
Doch man hat alles abgewiegelt.
Hans, Sie haben sich eingeigelt,
als wäre Ihr Verstand verriegelt.

JOHANNIS *zu Hans*
Da muss ich Jóhan unterstützen.
Ob Ihre Maßnahmen uns nützen,
kann keiner guten Gewissens sagen.
Ich würde die Behauptung wagen,
dass wir immer noch nicht wissen,
wann wir die weiße Fahne hissen,
wer wo und wie sich infiziert.
Mir scheint, die Politik laviert
sich aus der Situation heraus
und macht sich dann nicht viel daraus,
indem sie nur auf eines stiert:
auf den Wert der Inzidenz.

JOHAN

Und macht sich dann'n schönen Lenz!

JOHANNIS

Das nun vielleicht gerade nicht,
doch die Sache hat Gewicht.
Die Maßnahmen sind zu pauschal,
sie trafen nun schon jedes Mal,
als hätten Sie keine andre Wahl,
auf die ein und andre Weise
die falschen und zu große Kreise.

HANS

Wir haben uns manchmal verschätzt
und dadurch Bürger auch vergrätzt,
haben uns manches nicht getraut
und dadurch sicher viel verbaut.
Das nächste Mal, da sind wir schlauer
und treffen Maßnahmen genauer.

JOHANNIS

Ich verlor was aus dem Blick
und komm zum Schluss darauf zurück.
Deshalb, Johán, an Sie die Frage:
Wie empfanden Sie die Lage
nach dem Lanziern der Videos,
was war da bei den Künstlern los?
Es fiel das Wort vom ›Tränental‹.

JOHAN

Und auch das Wort vom ›Urknall‹.
Das war's für mich auf jeden Fall.
Ich sprech jetzt wieder nur von mir.
Die andern können nichts dafür,
dass ich aus dem Osten bin.
Das hätte für sie wenig Sinn.

Doch da es nun einmal so ist,
finde ich vieles ziemlich trist
und betrachte viel als Mist,
was andre weniger stark empfinden,
oder wo sie sich mehr winden.

In der DDR aufgewachsen,
machtest du keine großen Faxen.
Mischtest du dich politisch ein,
konnte das sehr bitter sein.
Der Wind kam immer ganz von vorn.
Dámit sind wir dort geborn.
Für ein Video wie das meine,
hätte man mir dort die Beine
ohne weiteres langgezogen.
Ich wär vielleicht in hohem Bogen
im Knast gelandet, einfach so.
Da ist man dann erstmal kao.

Hier ist mir das noch nicht passiert.
Hier scheint mir alles mehr filtriert.
Die Filterblase, sie grassiert,
man wird anders malträtiert,
es wird nicht weiter diskutiert.
Du wirst gedisst, nicht nur gefoppt,
am Ende wirst du weggemobbt.
Freiheit der Rede wird zur Lüge,
dafür bekommst du eine Rüge.
Ich sehe darin zur Genüge
fast totalitäre Züge.

JOHANNIS
Der Regisseur von ›allesdichtmachen‹
nahm, da verging einem das Lachen,
das Wort ›Lynchmord‹ in den Mund
und warf's der BILD in ihren Schlund
Sprach auch von dem ›sozialen Tod‹.

Doch übertreibt das nicht die Not,
in der all die Künstler steckten,
als ob sie alle fast verreckten?
Das ist doch zu dick aufgetragen.
Schließlich mussten Sie sich sagen,
dass die Aktion stark provoziert
und dass man sie stark kritisiert.

JOHAN
›Symbolischer Lynchmord‹ war sein Wort.
Sie stoßen sich an dem Wort Mord.
Das kann man sehen, wie man will.
Ich selbst verhielt mich ziemlich still,
nachdem es, wie ich's nenne, knallte
und aus allen Winkeln schallte,
sodass der Knall nicht mehr verhallte.
Die ›social media‹ mied ich gänzlich,
mir wurde alles viel zu brenzlig.
Doch Freunde fragten, wie's mir geht,
wie es nach allem um mich steht,
waren sehr besorgt um mich,
mehr um mich fast als um sich.

Was ich indessen nie vergesse:
Wir hatten nicht nur schlechte Presse.
Viele lobten unseren Mut.
Mir selber tat das richtig gut.
Vorrang genoss nicht die Aktion,
als hätte man genug davon,
dem Stehvermögen galt das Lob,
glücklicherweise nicht dem Mob.
Lob kam übrigens, wie ich weiß
nicht nur aus dem Kollegenkreis.
Selbst Journalisten fehlten nicht.
Ihnen schien es eine Pflicht.
Auch Wissenschaftler warn dabei –
die Profession ist einerlei –,

Verleger auch und Philosophen.
Die blieben nicht hinter dem Ofen.
Alles muntre Demokraten,
die nicht einfach nur so taten.

JOHANNIS
Hans, jetzt frag ich wieder Sie
Können Sie uns sagen, wie
man die Kritik so formuliert,
dass dabei kein Malheur passiert
und ein Querdenker nicht laut
in die gleiche Kerbe haut?

HANS
Mit Verlaub, dass ich's gleich sage,
ich versteh nicht Ihre Frage.
Sie ist völlig falsch gestellt,
auch wenn es Ihnen nicht gefällt
und meine Antwort Sie vergällt.

Wenn Querdenker mir applaudieren,
oder Verschwörer mich hofieren,
weil ich mal deren Meinung teile
und ich mich dann nicht gleich beeile,
von meiner Meinung abzustehen,
als wär ein Missgeschick geschehen,
als hätte ich was übersehen –
wenn sowas bei uns Schule macht,
dann Gnade uns Gott, dann gute Nacht!

Wenn ich nicht mehr sagen kann,
auf das und das kommt es mir an,
nur weil ein Gauland auch so denkt,
dann hab ich einen Punkt verschenkt
und ihm die Bühne überlassen.
Parbleu, das könnte ihm so passen!

Diese Angst vor falschem Beifall –
man trifft sie jetzt fast überall.
Sie ist für den Diskurs fatal
und macht die Diskussion kaputt.
Seien wir deshalb auf der Hut!
Die Angst, sie grenzt an Hysterie,
ist Gift für die Demokratie
und macht nur die Verschwörer stark.
Dadurch werden sie erst autark.

JOHANNIS
Bevor ich gleich von Ihnen scheide
Die letzte Frage an Sie beide:
Eine Notfallmedizinerin –
keine Liebedienerin
Ihrer Videoaktion –,
hat als ihre Reaktion
auf Ihr ›#allesdichtmachen‹
›Alle mal 'ne Schicht machen‹
ins Leben gerufen,
damit man sich auf den Stationen,
ohne sich dabei zu schonen,
ein Bild der Lage machen kann.
Darauf kommt's ihr vor allem an.
Was halten Sie von der Aktion?

JOHAN
Angemeldet bin ich schon.
Ich scharre längst mit meinen Hufen
und schwebe bereits wie auf Kufen

HANS
Ich war erst letzten Sonntag dort –
in Köln, also direkt vor Ort –,
auf einer Intensivstation.
Ich halte deshalb viel davon.

Mein Alltag besteht aus solchen Besuchen,
das können Sie mal als Pluspunkt verbuchen.

Ende der 4. Szene

5. SZENE

Epilog

Aburiel und Traurige Person treten
aus ihrem Versteck hervor auf die Bühne

ABURIEL
Welch starker Abgang vom Minister!
Das ist nicht irgendein Philister,
den hab ich mächtig unterschätzt.

TRAURIGE PERSON
Der Zeitungschef schien nicht verletzt,
trotz der Kritik, die mehr als fetzt.

ABURIEL
Oder er wollte es nicht zeigen.
Der Himmel hängt nicht voller Geigen.

TRAURIGE PERSON
Die Kritik schien ihm zu dick,
doch es fehlte nur ein Kick
und – im übertragenen Sinn –
brach er der Zeitung das Genick.

ABURIEL
Auf jeden Fall war mehr darin
als nur ein kleiner Ausfallschritt.
Mir schien es wie ein harter Tritt,
nicht nur gegen diese Zeitung.
Er galt der liberalen Haltung

fast der ganzen Medienwelt,
die sich so wie sie verhält.

TRAURIGE PERSON
Aus lauter Angst vor den Verschwörern,
sowie querdenkenden Empörern
traut sie sich kaum noch was zu sagen.
Das ist für mich nicht zu ertragen!

ABURIEL
Andererseits scheint Hans verstockt –
oder irgendwie verbockt –,
was die Redefreiheit angeht,
als ob ihn die Kritik nicht anweht.
Oder er denkt an seine Mehrheit.
Sie scheint ja wohl schweigend bereit,
seine Gebote zu begrüßen.

TRAURIGE PERSON
Das wird sie irgendwann noch büßen.

ABURIEL
Mir ist, Hans lebt in einer Blase
und tut, als wär sein Name Hase.
Als ob er nicht den Faden findet,
der sie mit der Kritik verbindet,
die er am Chef der Zeitung übt.
Das hat mich doch etwas betrübt.

TRAURIGE PERSON
Der Faden, der sich um uns windet
und unsre Freiheit zu sehr bindet,
den sieht er nicht, er scheint erblindet,
auf einem Auge jedenfalls.

ABURIEL
Und ebenso wegen des Knalls,

der Jóhan ungemein erschreckte,
auch auf beiden Ohren taub,
da er, ich sag es mit Verlaub,
den Verdacht in mir erweckte,
er habe ihn gar nicht gehört.

TRAURIGE PERSON
Auch sein Gehör scheint dann gestört.

ABURIEL
Doch mir gefiel, wie er Johannis,
von dem man immer denkt, er kann es,
deutlich in die Schranken wies,
kein gutes Haar an dem Mann ließ.
Als Rammbock gegen Liberale,
die sich winden wie die Aale,
ist Hans es wert, gelobt zu werden.

TRAURIGE PERSON
Wären da nicht die Beschwerden
über seinen Alarmismus.
Der führt doch nur zu Quietismus.
Die Mehrheit schweigt, als wär's tabu,
sie stimmt ihm gleichsam schweigend zu,
scheint ständig nur mit ihm zu bangen,
statt nach mehr Freiheit zu verlangen.
Ein Freedom Day wär hier undenkbar,
die Mehrheit ist dafür zu lenkbar.

ABURIEL
Sie sprechen, fürchte ich, sehr wahr.

TRAURIGE PERSON
Statt mich nicht ständig zu erfrechen,
will ich auch eine Lanze brechen.
Der Zeitungschef tat etwas Gutes,
denn es bedarf durchaus des Mutes,

sich offen dazu zu bekennen
und sie im Einzelnen zu nennen:
die Maßnahmen, die nichts bewirkten,
weil sie die Infektion umzirkten,
statt sie zielgenau zu treffen
und die Gesellschaft nicht zu äffen.

ABURIEL
Nur gut, dass Sie das jetzt erwähnen,
obwohl, mir kommen fast die Tränen.
Ich bin dem Chef der Zeitung gram,
seit Putin dort die Chance bekam,
seine Sicht zu publizieren.
Das ging mir sehr stark an die Nieren.
Ich wollt vergehn vor lauter Scham.

TRAURIGE PERSON
Das war bestimmt kein Meisterstück,
doch zu unser aller Glück
gab es ordentlich Kritik!

Kein noch so großes Leid im Krieg,
keine Erinnrung an den Sieg,
rechtfertigt es, den Halb-Despoten
als nahezu schon guten Boten
der Russen zu glorifizieren,
als hätte er gute Manieren.

ABURIEL
Die Affäre stimmt mich traurig,
ich finde sie im Grunde schaurig.
Zwar bekam am gleichen Ort
ein Este danach auch das Wort.
Der fuhr ihm stark in die Parade...

TRAURIGE PERSON *unterbricht ihn*
...mir schien es wie eine Scharade

ABURIEL

...doch da ihn keiner richtig kennt,
war er nicht richtig prominent,
hat kaum für Aufsehen gesorgt.
Es schien von Putin nur geborgt.

TRAURIGE PERSON

Das Beispiel, es dokumentiert,
wie ein Zeitungschef verliert,
der sich zum Liberalen kürt.
Liberalsein ist zwar gut,
doch fehlt ihm noch das Quäntchen Mut,
den Trends nicht hinterherzulaufen,
seinen Schneid nicht zu verkaufen.
Das hätte liberalen Stil.

ABURIEL

Das Staatsschiff hielte besser Kiel.
Das hülfe grade jetzt sehr viel.
Es zeigt den Kern eines Dilemmas
und führt ins Zentrum unsres Themas.
Wir wechseln nicht einmal den Ort.

TRAURIGE PERSON

Fahrn wir in unserm Kontext fort.
Wir tuen Jóhan keinen Tort,
wenn wir uns jétzt erst zu ihm wenden,
mit ihm die Einschätzung beenden.
Was sagt Ihr zu der Neuralgie?

ABURIEL

Ich sehe das genau wie Sie.
Es geht ums Herz des Liberalseins,
ich nenne es gern: unseres Aalseins,
ums Ende unseres Lateins.
Was geht uns so sehr auf die Nerven,
dass wir all unsre Sinne schärfen,

um nicht in jenes Rost zu fallen,
in dem sich die Probleme ballen
und wir nicht einmal nur dran nippen,
sondern ganz in das Totalsein kippen.

TRAURIGE PERSON
Er sprach von totalitären Zügen.
Würdet Ihr Euch dem Wort fügen,
oder würden wir uns arg belügen,
schlimmer noch, uns gar betrügen,
wenn wir Jóhan folgen wollten,
anstatt dass wir ihm grollen sollten?

ABURIEL
Für Westdeutsche ist sowas wohlfeil.
Sie denken sich wohl ihren Teil,
wenn sich jemand so viel wagt
und am Selbstverständnis nagt.
Die DDR liegt ihnen fern.
Sie haben es deshalb nicht gern,
wenn man sie damit vergleicht,
als wärn sie nicht genug geeicht
auf ihre freie Denkungsart.
Für sie ist sowas viel zu hart,
um damit kritisch umzugehen.

TRAURIGE PERSON
Das kann man irgendwie verstehen.
Die Freiheit fiel uns in den Schoß,
wir kümmerten uns da nicht groß.

ABURIEL
Ihr habt sie nicht erringen müssen,
es fehlt die Abstimmung mit Füßen.
Das rächt sich in der Pandemie.
Es ist so, als entscheide sie
über euer Wohl und Wehe,

als ob sich alles darum drehe,
welche Freiheit ihr euch gönnt,
und ob ihr sie euch leisten könnt.

Jetzt, da uns das Virus droht,
tut ein Mann wie Jóhan not.
In satirischer Gestalt
birgt er seismischen Gehalt.
Er spürt, bevor ihr selbst es merkt,
den Verlust, doch sehr verstärkt,
den Verlust der freien Rede
und sieht sich wie in einer Fehde,
die er schon ausgefochten hat –
und zwar im andern deutschen Staat.

TRAURIGE PERSON
Das wäre der Neuronen-Schmerz!
Er träfe unsern Stil ins Herz:
Wie wir uns zu uns verhalten,
ob unsre Sinne schon erkalten,
wenn jemand aus der Reihe tanzt.
Die Reaktion schien wie gestanzt,
als wären wir gleichsam immun
gegen ein bestimmtes Tun,
das dem der Mehrheit nicht entspricht
und sich an deren Willen bricht.

ABURIEL
Die Immunität, von der Sie sprechen,
scheint sich hier kurios zu rächen.
Sie wechselt ohne Pietät
und ohne dass sie in Zwiespalt gerät,
einfach die Identität.

Normal spricht man doch von der Herde,
ob vom Schaf oder vom Pferde.
Bezogen auf uns Menschen heißt es,

wir sollten herden-immun werden.
Indes wir sehn, Joháns Beschwerden
gehen in die andre Richtung,
denn seine Satire-Dichtung,
sie vertritt jetzt jene Stelle
des Virus, welches wir bekämpfen –
in einer Art von Gegenwelle.
Das führt bestimmt zu schweren Krämpfen.

TRAURIGE PERSON
Mich überraschte, wie empfindlich,
ja, wie trotzig, fast wie kindlich
seine Leute reagierten,
die auf seine Videos stierten,
ihn danách manipulierten,
indem sie ihn quasi kastrierten –
die allzu dreisten Rundfunkräte.
Mir war, als liefen ihre Drähte
so heiß, wie vorher lange nicht.
Jetzt zeigten sie mal ihr Gesicht.
Sie wagten sich ins Offene,
als wärn sie selbst Betroffene
und riefen ihn aus sicherem Hort
in ihre Zimmer zum Rapport.

ABURIEL
Er hatte es sich nicht verkniffen
und sie als Herde angegriffen,
als hätte er ihren Instinkt verpfiffen.
Ihr Herden-Instinkt lag offen da,
und allen wurde nur zu klar,
welches armen Geistes Kind
Rundfunkräte eigentlich sind.

TRAURIGE PERSON
Zur Neutralität sind sie verpflichtet,
in Wahrheit jedoch ausgerichtet

an dem, was die Regierung sagt.
Die Neutralität ist wie vertagt.
Anstatt kritisch zu berichten,
scheint es sich nun zu verdichten,
dass sie Regierungsräte werden,
mit dem Verstand von lahmen Pferden.

ABURIEL
Im Grunde ist die Welt verkehrt.
Wer die Neutralität verehrt,
müsste die Rundfunkräte chassen,
sie aus ihrem Job entlassen,
denn sie bedrohn die freie Meinung
zugunsten voreiliger Einung
der Masse der Gebührenzahler.

TRAURIGE PERSON
Mir tut es Leid um deren Taler!
Jedoch, noch gibt es keinen Stunk
um diese Art Regierungsfunk.
Ich bin ratlos, was zu tun ist.
Wüsstet Ihr nicht eine List?
Entlassen kann man sie wohl nicht,
ihr Arbeitsvertrag hat Gewicht
mit dem Spruch vom höchsten Gericht.
Es ist, als wärn wir unter Kindern,
doch das soll Euch jetzt nicht hindern.
Bringt bitte die Magie ins Spiel,
das wär ein lohnenswertes Ziel!

ABURIEL
Schon länger überlege ich,
wie die Rundfunkräte sich
von ihrem Job wegloben ließen,
ohne sie groß zu verdrießen.
Sie könnten gleiches Geld genießen,
nur auf harmloserem Posten.

TRAURIGE PERSON
Ich habs: Sie gehen in den Osten.
Da werden sie die Demut lernen
und sich peu à peu entfernen
von ihrer Regierungsnähe.

ABURIEL
So tun Sie ihnen wahrhaft wehe.
Aber sei's drum, ich verstehe,
dass sowas jetzt wohl nötig ist.

TRAURIGE PERSON
Und es verstreiche keine Frist!
Am besten sorgt Ihr gleich dafür
und setzt sie schnellstens vor die Tür.
Sie dürfen sich nicht erst besinnen,
sondern sollten gleich beginnen,
ihr eitles Mütchen abzukühlen,
und sich in Demut einzufühlen.

ABURIEL
Es muss geschehn, ich seh es ein,
es kann und darf nicht anders sein!
Wie fang ich es am besten an?
überlegt
So wie's gesagt, so ist's getan!
geht noch einmal kurz in sich und besinnt sich;
plötzlich ertönt ein Pfiff aus seinem Mund,
begleitet von einer legeren Handbewegung,
und die Rundfunkräte, die Jóhan zum Rapport gerufen hatten,
landen in unteren Amtszimmern östlicher Sendeanstalten

TRAURIGE PERSON *voller Bewunderung*
Ihr macht das wirklich ganz fantastisch,
als ginge alles ganz elastisch
von der Hand. Ich staune nur.
Das ist für mich wie Magie pur!

Die Rundfunkräte sind wir los,
umsonst stellten sie Jóhan bloß.
Sie haben jetzt, was sie verdienen,
müssen nun auf andren Bühnen
ihre Missetaten sühnen.
Sie werden sich nicht mehr erkühnen,
voreilig, ja, servil zu handeln
und ihre Innung zu verschandeln.
Doch seien wir unsrerseits nicht blind!
Denn wenn wir ehrlich mit uns sind,
sind wir im Grunde nicht viel besser.
Zwar wetzen wir mit Lust die Messer,
um andre damit zu verletzen,
ja, sogar gegen sie zu hetzen
und halten uns am liebsten raus,
doch spielen wir nur Katz und Maus.

Ich will auf folgendes hinaus,
auf das, was ich am Anfang sagte,
als ich in mich ging und fragte,
ob wir nicht genauso petzen,
statt uns in andre zu versetzen,
sie nicht, wenn auch mit bangem Herzen,
genauso hässlich anzuschwärzen,
wie es die Rundfunkräte taten.
Sie waren freilich schlecht beraten.
Doch sind wir nicht auch ihre Paten,
nur vielleicht mehr gewitzt als sie?

Aburiel
Sie sprechen von der Perfidie,
der wir alle unterliegen.
Wir werden sie wohl nicht besiegen,
zu tief steckt sie in allen drin –
nur gut, dass ich vom Jenseits bin.
Ich sehe es mit andren Augen,
die für Sterbliche nicht taugen.

TRAURIGE PERSON
Hättet Ihr eine Idee,
wie wir uns verhalten sollen?
Ihr schöpft doch wahrlich aus dem Vollen!

ABURIEL
Eine Idee hätte ich nicht,
doch mache ich es mir zur Pflicht,
über die Sache nachzudenken.
denkt nach; nach einer Weile

Da kommt mir jemand in den Sinn:
Ich denk an einen, an Marvin.

TRAURIGE PERSON
Meint Ihr den Schlaumeier von der Aktion?

ABURIEL
Er sagte zwar kaum einen Ton,
machte dafür eine Geste
und zeigte einfach auf die nächste,
auf die nächststehende Person
mit dem Finger – das war es schon.
Mir ist, er schien danach zu gieren,
andere zu denunzieren.

TRAURIGE PERSON
Es stimmt, das war sehr eindrucksvoll –
eine Aktion gleichsam in Moll.

ABURIEL
Wäre er nicht ein Symbol?
Symbol für das Lockdown-Verhalten,
und zwar der Jungen wie der Alten?
Jeder zeigt doch insgeheim –
er macht sich darauf keinen Reim –,
auf die, die keine Maske tragen.

Doch niemand würde es wohl wagen,
so wie er, es gut zu finden.
Man würde sich doch unterwinden,
só etwas auch nur zu denken,
ja, würde es gleich unterbinden
und ihm keinen Glauben schenken.

TRAURIGE PERSON
Marvin, der Schlaukopf, als Symbol –
diese Idee finde ich toll!

ABURIEL
Sie zeigt, was nur Satire kann.

Warum hält Marvin uns in Bann?
Er dünkt uns zwar ein armer Tropf,
doch trifft er den Nagel auf den Kopf.
Wir alle sind heimliche Marvins...

TRAURIGE PERSON *unterbricht ihn*
...als wärn wir die Geschöpfe Darwins
und nicht Gottes, so wie Ihr...

ABURIEL
... Sie können jedoch nichts dafür,
dass Sie alle, außer mir,
trotz all Ihrer großen Gaben
schwer an dem Los zu tragen haben,
Menschen zu sein, die Marvin gleichen.
Deshalb dient Marvin ja als Zeichen,
als Zeichen menschlicher Gemeinheit
und als Symbol heimlicher Einheit.
Er zeigt bloß offen vor der Welt,
was er von seinem Nächsten hält,
wenn der das Gebot missachtet
und sich als Ausnahme betrachtet.

TRAURIGE PERSON
Die Pandemie schweißt uns zusammen.
Wir mögen Marvin zwar verdammen,
obwohl wir gleichsam von ihm stammen,
jedoch ist er d i e Attraktion
der ganzen Video-Aktion.

ABURIEL
Jóhan ist zwar der große Star,
aber jetzt tritt offenbar
Marvin in den Vordergrund...

TRAURIGE PERSON *unterbricht ihn wieder*
... und bringt uns alle auf den Hund!

ABURIEL
Er ist ínsgeheim der Sieger.
Betrachten wir ihn als den Krieger
oder als den inneren Tiger,
der uns ungemein erschreckt,
und unsre Fehler nicht mehr deckt.

Es ist schon so, diese Satire
gab, was sie soll, gab uns das Ihre
in einer überhöhten Form.
Dadurch brach sie mit der Norm
wohlgefälligen Verhaltens
und akzeptierten Kunstgestaltens.
Doch genau só etwas tat not.
Wir brauchen es als täglich Brot.
Wären die Video-Clips nicht gewesen...

TRAURIGE PERSON *unterbricht ihn erneut*
... dann fräße ich jetzt einen Besen...

ABURIEL
... man hätte sie erfinden müssen!

TRAURIGE PERSON
Ich kann Ihr Schlusswort nur begrüßen!

Ende des Stücks